Julia Ney

Schwarze Schatten am bunten Horizont

Julia Ney

Schwarze Schatten am bunten Horizont

Gedichte und Geschichten

2024

Bibliografische Information der Deutschen Nationalbibliothek
Die Deutsche Nationalbibliothek verzeichnet diese Publikation in
der Deutschen Nationalbibliografie; detaillierte bibliografische Daten sind im Internet
über http://dnb.d-nb.de abrufbar.

1. Auflage 2024

Lektorat: Monika Rohde, Leipzig
Umschlaggestaltung: Roland Poferl Print-Design, Köln
Layout: Verlagsservice Monika Rohde, Leipzig
Verlag: BoD • Books on Demand GmbH, In de Tarpen
42, 22848 Norderstedt
Druck: Libri Plureos GmbH, Friedensallee 273, 22763
Hamburg

ISBN: 978-3-7597-2268-3

Inhalt

Persönliche Vorbemerkung

Julia Ney, die sich selbst den Künstlernamen Jule Blofeld gab, hat zwischen 1987 und 2016 zahlreiche Gedichte, Kurzgeschichten, Essays und Romane geschrieben. Veröffentlicht wurden 2007 ihre wissenschaftliche Abhandlung *Die keine Rolle spielen - Menschen mit Behinderungen im Film* sowie 2015 der Roman *Morgen eine Ewigkeit*. Zu ihrem Roman hatte ich damals diese Zeilen geschrieben:

»Ein unfassbar mutiges und wichtiges Buch. Eine Erzählerin, der es gelingt, die Bilder für ein Leben mit und ohne Behinderung aus den tiefsten Dimensionen der Wirklichkeit zu schöpfen. Ein Buch über die Liebe, das Sterben, den Schmerz, die Sehnsucht und den Abschied. Bei Jule Blofeld werden die Wörter zu Zeugen eines unsagbaren Lebensmutes.«

Fast zehn Jahre später sind mir Julias Mut, ihre Suche nach Wahrhaftigkeit und ihre unfassbare Tapferkeit noch präsenter, ihre Texte wirken noch eindringlicher. Wenn ich mich daran erinnere, dass sie im späten Stadium ihrer Erkrankung ihre hochkomplexen, virtuosen Texte ganz und gar »im Kopf geschrieben« hat (ohne die Hilfe des Mediums in einem Prozess von Schreiben, Streichen, Neu-Schreiben), um sie dann mühevoll ihren Assistentinnen zu diktieren, frage ich mich jedes Mal, wie das überhaupt möglich war? Wahrscheinlich, so meine Vermutung, kann das nur ein Mensch, dessen eigentliche Zuflucht das Schreiben geworden ist, dessen Worte, Sätze und Gedanken unmittelbar bei ihm wohnen, ein so besonderer Mensch wie Julia.

Ich freue mich sehr, dass nun auch ihre bisher unveröffentlichten Gedichte und Kurzgeschichten ihren Weg in die Öffentlichkeit finden.

Ihre Gedichte, so ist meine persönliche Empfindung, funkeln in Julia Neys strahlendem Gesamtwerk mit einem ganz besonderen Glanz, so filigran, transparent und zerbrechlich wie ein Bienenflügel, manche Zeilen geradezu hellsichtig in sprachlicher Vollkommenheit.

Manchmal, mitten im Alltag, nicht zuletzt in schwereren Stunden, denke ich plötzlich an Julia, richte ein paar Worte an sie - nur in meinem Kopf - und denke, was für ein Glück ich doch habe, dass ich Julia kennenlerne durfte - und was für ein Glück diejenigen haben, die Julias Texte jetzt lesen werden.

Thomas Henke im Juli 2024

Pseudonym

Sich hinter einem falschen Namen klein machen. Eine neue, körpertrunkene Identität aufbauen. Mit einer erfundenen Vergangenheit. Welche Freiheit, welcher ungeahnte Schatz – zum Todlachen. Und ganz viele verrückte Sachen machen.

Mein Pseudonym ist mal ganz leise und anonym, mal aber auch ein ungestümes Ungetüm.

Es filtert und es selektiert, so spaltet es Gedanken ab, die mein namenloses Ich konsumiert.

Mein Pseudonym ist quasi ein getarntes Verdauungsenzym und sollte in Apotheken verkauft werden.

Ich liebe mein Pseudonym. Es ist mir eine Maske, ein Kostüm.

Nicht nur zu Carnival bin ich verborgen, ich brauch mich auch nicht mehr um meinen Ruf zu sorgen.

Scheißegal. Deshalb denke ich mir jetzt ein Pseudonym aus, unter dem ich jeden Blödsinn veröffentlichen werde.

Es ist ja mein Pseudonym.

13.12.1999

Aufwärts nach Volterra

Gerade geht die Sonne unter. Sie ist in ein Wolkenloch gefallen. Ihre Strahlen aber wird niemand schlucken, sie scheinen hell und majestätisch aus ihrem Gefängnis. Im Kontrast zu den ungewöhnlich weißen Wolken wirken sie wie gelbe Schwerter, die den plastisch scheinenden Himmel durchschneiden. Der ganze Horizont verbreitet eine mystische und übernatürliche Atmosphäre, so als ob gleich muskulöse Götter den Wolkenvorhang beiseite reißen, sich Schwerter ergreifen und gegeneinander kämpfen!

Der Bus windet sich die kurvige Straße hinauf. Wenn das Schauspiel meine Fensterseite passiert, um dann nach der nächsten Kurve auf der anderen Seite vorbeizuziehen, habe ich das Gefühl, die Sonne verfolgt mich, will mir ihre Kraft, ihre Unbesiegbarket demonstrieren.

Ich verspüre ein ungeahntes Verlangen, mich in das Loch zu kugeln

versinken – erglühen – überglüht werden – verglühen.

Unter den steinernen Augen von Tina, Uni und Menrua tauche ich wieder auf, um gleich darauf in der Vorstellung wegzusinken, von einer heroischen Schlacht heimzureiten, um an einem etruskischen Bankett um die Ecke teilzunehmen – stattdessen zwängt sich unser 4-Sterne-Luxus-Reisebus mit lahmen, müden Historikern und durchgeknallten, grölenden Künstlern durch das steinerne Zeugnis eines versunkenen Volkes.

20.06.1996

Taktfest

eine Melodik der Lebenslust
ersinnen.
dem Rhythmus der Höhen und Tiefen
nachspüren
und sich im Gleichklang
bewegen.

die Einförmigkeit des Alltags
mit wippender Heiterkeit
und unbeugsamem Frohsinn
jauchzend durchbrechen,
deiner verletzenden Nähe
lachend entkommen.

sodann werden
dumpfe Angst und kalter Pessimismus
übertönt von
wogendem Wohlklang
ausgeglichenen Taktes.
tanzend
tosend
tröstlich vergessend
wiegendes und warmes Fallenlassen
in eine taktfeste
Melodie des Behagens.

März 2005

Manchmal am Ende

Zersplittert in Ignoranz und Stolz
zu Mut gezwungen
ja nichts zugeben.
Unausdrückliche Angst
überwältigt mich
manchmal.
meinen Mut
meinen Stolz.
Mut, der mir verbietet, zu denken, ich bin am Ende.
Stolz, der mir verbietet, zu sagen, ich bin am Ende.

Gehetzt zwischen Langeweile und Lebenslust
fiebre ich der Zeit entgegen
neugierig und arrogant.
Nichts wahrnehmen, was dich ernährt.
Das Wechselspiel stumm ertragend.
So tun,
als ob
ich
mitspiele.

13.12.1995

Algorithmus

Ein Algorithmus ist eine eindeutige Handlungsvorschrift zur Lösung eines *Problems* oder einer Klasse von Problemen. Algorithmen bestehen aus endlich vielen, *wohldefinierten* Einzelschritten. Somit können sie zur Ausführung in einem *Computerprogramm implementiert*, aber auch in *menschlicher Sprache* formuliert werden. Bei der Problemlösung wird eine bestimmte Eingabe in eine bestimmte Ausgabe überführt (Wikipedia).

Die Klasse meiner Probleme ist vordefiniert und somit unauflöslich bestimmt. Ich bin gespannt, wie sich die Ausgabe herauskristallisiert. Mein algorithmisches Ich ist abhängig von der Klasse seiner Probleme und somit ein undefinierter Raum in der Ein- und Ausgabe. Die Eingabe wird überlagert von

Ende

Festung

Voll Hohn
schaue ich zu,
wie ihr vor meinen Mauern steht
versucht,
eine Lücke zu finden
mich zu treffen
vergeblich.

Voll Genugtuung
schaue ich zu,
wie ihr Halt sucht
mich zu erklimmen
vergeblich.

Voll Zorn
schaue ich auf euch hinab
ihr seid so unterlegen
so klein und
manchmal
so verletzend,
wenn ihr trefft.
Aber jetzt
zielt ihr vergeblich
auf meine Festung.

Tropfen fallen und
zerstören
die Sandburg.

15.06.1996

Morgen eine Ewigkeit

Die Ewigkeit ist ein Bruchteil unendlicher Augenblicke.

Augenblicke voller Glück und Liebe geben sich ein Wechselspiel
mit Augenblicken voller Leid und Schmerz.

Keine Träne bleibt ewig warm.
Tränen des Triumphes, der Freude und auch der Entbehrung
 rinnen durch die Ewigkeit
und bilden zusammen
den Strom der Empfindungen.

Rinnsale
schmücken so die Ewigkeit.
Morgen.

September 2008

Ohne dich

Unendliche Leere
unterbrochen von Wut
und Angst
und Trauer
und Zorn.
Was musste ich tun,
dass du mich so behandelst
respektlos
achtlos
lieblos.
Bin ich für dein Leben
verantwortlich,
muss ich dich
ernähren und gleichzeitig
ertragen?
Wo bin ich?
Wo hast du mich hingebracht?
Diesen Weg wollte ich nie gehen,
aber ohne dich komme ich
weder vor
noch zurück.

Zerrissen
zwischen zärtlichem Zorn
und
wütender Liebe
möchte ich
gehen und alles
hinter mir lassen.
Eintauchen in
Stille, Wärme, Leichtigkeit, Schwärze.
Da will ich hin.
Ohne dich.

27.10.1998

Farben

Manchmal banne ich
schimmernde Lebensfreude auf Leinwand.
Dann vibrieren Farben wie Stimmungen

und gleichen einem gedachten blühenden
Meer. Zerfließende gelbe, rote und grüne
Farbkleckse fügen sich zu meinem Horizont
zusammen,
der sich in der Wirklichkeit verläuft.

Manchmal ziehen sich durch
diese bunten Horizonte
vereinzelte schwarze
Spuren, diese bilden
jedoch ein gemeinsames
Gefüge,
denn ohne sie würden meine
Farben nicht so intensiv
leuchten.

April 2010

Schätzchen

Mutig, stark und tapfer bin ich ein optimistisches Steh-Auf-Männchen mit 'ner Menge Selbstbewusstsein. Ich hab 'ne große Klappe und gucke sehr gerne anderen Leuten vor den Kopf. Ein zurückgezogenes Leben ist meins und deshalb glaube ich, dass es doch eigentlich gar nicht so schlimm sein kann. An euren Reaktionen merke ich dann jedoch, dass es noch schlimmer ist als angenommen. Nenn es Betroffenheit, Scheu, Angst, Widerwillen, Mitleid oder wie auch immer du willst. Das ist es, was mich behindert – nicht die körperlichen Unzulänglichkeiten, die Schmerzen oder der nahende Tod ängstigen mich, sondern das Herauskatapultieren aus meiner Traumwelt.

Naturgewalt

Leben aufgreifend
liebevoll modelliert,
spielend gestaltet
nach deinem Vorbild.

Sein angreifend.
Gekämpft,
erst gewonnen,
spielend verloren,
und dann leer.

Du kannst dich auch nicht entscheiden
und gebärst dich jedes Jahr wieder.
Warum noch?
Ist denn eine schmerzvolle und wiederholte Niederlage nicht genug?

Am Willen vergreifend
für alle Winter.

Und dennoch
trägt die Hoffnung
stets neue Frucht.
Verletzlich, aber doch unzerstörbar.

Empfindlich die Verflechtungen
von leiden und lieben, von Leben
und
Tod begreifend
und sich dem Sinn des Daseins,
der Gewalt der
Natur beugend.

Januar 2004

Schmarotze

In unserer Spielgruppe bin ich die einzige Frau. Manchmal frage ich mich ehrlich, warum ich mir das antue – nein, wir spielen kein Skat und auch kein Doppelkopf – nein, wir spielen Scrabble. Scrabble liegt scheinbar im Familienblut, es war schon das Lieblingsgesellschaftspiel meiner Großmutter, meiner Mutter und ich stehe ihnen da wohl in nichts nach. Jedenfalls spielen wir zu viert Scrabble Deluxe. Außer mir vervollständigen noch Gero, Tom und Ani das Ensemble.

Ani ist der Spitzname für den völlig uncoolen Namen Anselm, obwohl männliche Spitznamen eher selten auf den Buchstaben »i« enden. Mit durchaus weiblichen Zügen gesegnet, wie langen Wimpern und fein geschnittenen Gesichtszügen, kann Ani sich kaum vor Zugriffen des anderen Geschlechts retten. Wenn er homosexuell wäre, so wie ich, würden seine Zurückweisungen bei der Damenwelt nicht so verheerende Folgen haben.

Gero ist ein Möchtegern-Intellektueller wie er im Buche steht, eine ständig zerstrubbelte Haarmähne, der zeitlose Rollkragenpulli in schwarz und der obligatorische Ohrring. Er kann es kaum ertragen zu verlieren, da er sich als ungekrönter Meister von allem sieht, was im entferntesten mit Buchstaben zu tun hat. In seinem Schatten steht Tom, der wohl auch gerne so wäre wie Gero, sich diesem aber nicht vollständig annähern kann. Im Großen und Ganzen ist Tom aber ein aufrichtiger und sympathischer Kerl.

Ich bin noch dabei die Wohnung, die ich mit meiner Freundin Nadine teile, für den abendlichen Wettstreit herzurichten. Ein Scrabble-Abend mag sich ja in Anlehnung an Loriots *Ödipussi* altmodisch und harmlos anhören, bei uns geht es aber immer drunter und drüber. Zerstörtes Mobiliar, Mousse-au-Chocolat-Flecken an der Wand und ein schockierendes Handgemenge, in dessen Verlauf Ani sich eine ausgekugelte Schulter und Gero ein blaues Auge zugezogen haben, waren die bisherigen Glanzstücke unserer Spieleabende. Dennoch können wir es nicht lassen und verabreden uns regelmäßig zum Scrabbeln. Ich räume gerade alle Requisiten aus Glas oder Porzellan, die nicht unkaputtbar sind, aus der Reichweite des großen massiven Holztisches, als es läutet. Ich werfe noch einen letzten Blick auf unseren abendlichen Tatort, entferne noch eben die metallene Magnetpinnwand, die uns als Nachrichtentafel dient von der Wand, denn sie wäre eine gute Tatwaffe um einen Kopf zu bearbeiten. Dann öffne ich die Tür und begrüße Tom und Ani.

»Wir lassen die Haustür nur angelehnt, okay? Gero müsste eigentlich jede Minute nachkommen«, grinst Tom anzüglich. »Eben hat nämlich so eine vollbusige Tussi mit angeklebten Wimpern im Hausflur gewartet. Sie wusste anscheinend, dass wir kommen und wollte sich sogleich auf Ani stürzen.« Dieser kann sich eines schadenfrohen Schnaubens nicht erwehren. »Gero hat sie sich glücklicherweise gleich geschnappt und textet sie jetzt mit Belanglosigkeiten des Universums zu.« Ich lächele in mich hinein. Saskia hat zwar einen vollen Busen und vermutlich auch angeklebte Wimpern, aber Sie ist Privatdozentin für Literaturwissenschaft an der Germanistik-Uni Hannover und kann keinesfalls als Tussi bezeichnet werden, höchstens als Intelligenzbestie.

Mal sehen, wie lange sie Geros literarischen Ergüssen standhalten kann – anscheinend nicht so lange, denn kurze Zeit später füllt Geros imposante Erscheinung die Tür aus und er donnert mit hochgereckten Fäusten »Gero kam, sah und siegte, denn Gero gewinnt immer!« Wir drei verdrehen gemeinsam die Augen und Ani sagt trocken: »Wir lassen Gero gelegentlich gerne mal gewinnen, damit er kein Meer von Tränen vergießen muss.« Um die Situation sogleich zu entschärfen, frage ich hektisch nach den Getränkewünschen. Tom, Ani und meine Wenigkeit wählen ein Bier, um die Stimmung mit ein paar Promille im Blut anzukurbeln. Typisch Gero, er verlangt nach einem Mineralwasser, weil er seinen Geist nicht benebeln will. »Willst du nicht lieber ne Milch?«, spöttelt Ani »Könige trinken immer Milch, habe ich mal so gehört.« Gero hebt zwar stirnrunzelnd die Brauen, geht aber sonst Gott sei Dank nicht weiter auf diese Bemerkung ein.

Gero ist auch der einzige von uns, der studiert und sich eine Menge darauf einbildet. Irgendwoher muss er ja sein intellektuelles Getue haben. Ani hat eine Ausbildung als Medienkaufmann absolviert und arbeitet jetzt in einem naturwissenschaftlichen Verlag. Zwischen Gero und Ani hat sich ein fortwährender Wettstreit, nicht nur um das Gewinnen unserer Scrabblerunde, sondern auch um das größtmögliche Wissen entwickelt. Witzigerweise hat Tom gar nichts mit Sprache zu tun – er ist nämlich technischer Zeichner –, aber er verlässt unsere Spielrunde meistens als Gewinner. Ich muss gestehen, das auch ich öfter mal meine weibliche Überlegenheit raushänge und die drei weit hinter mir auf der Strecke lasse, obwohl ich derzeit eine Ausbildung zur Heilerziehungspflegerin mache und demnach auch nicht viel mit Wörtern zu tun habe.

Erstaunlicherweise suchen sich sowohl Gero als auch Ani das kuschelige Zweisitzersofa an einer Längsseite des Tisches aus und sitzen einträchtig nebeneinander – nun, Pack schlägt sich, Pack verträgt sich. Tom hat auf einem der beiden Holzstühle platzgenommen, die wir vom Sperrmüll gemopst und bunt lackiert haben. Ich throne auf dem einzigen alten Ledersessel am Kopfende des Tisches. Nachdem wir noch ein bisschen Smalltalk betrieben haben, geht's auch schon los.

Das Spielbrett wird in die Mitte des Tisches gelegt. Jeder Spieler nimmt sich ein Buchstabenbänkchen, auf dem er seine Buchstabensteine platzieren kann. Die Spielsteine werden bei Spielbeginn in den dafür vorgesehenen Beutel gegeben.

Jeder Spieler zieht erstmal nur einen Stein. Der Spieler, dessen Buchstabe im Alphabet am weitesten vorne liegt, beginnt das Spiel. Als wir alle sieben Buchstaben auf unseren Bänkchen geordnet haben, darf Ani die Spielrunde beginnen.

Es vergehen Stunden, in denen wirklich witzige Wörter zusammengelegt werden wie zum Beispiel Hühneraugenakkumulator oder Steinlausepidemie. Einmal starre ich dermaßen konzentriert zwischen dem Spielbrett und meinem Buchstabenbänkchen hin und her, dass Gero schmunzelnd sagt: »Mensch, Kati, wenn du denkst, machst du ein Gesicht wie ein kleines faltiges Möpschen.« Ich gucke ihn lieblich lächelnd an und sage: »Mensch, du solltest mein Gesicht mal beim Kacken sehen!« Tom lacht laut auf und er meint: »Herrje, was sind wir heute wieder ordinär!« Gero ist inzwischen auch auf Bier umgestiegen und die Stimmung wird immer lockerer, begleitend von nicht enden wollendem Gelächter.

Dann macht Gero den verhängnisvollen Fehler und isst die letzte Erdnuss aus dem Schälchen. Also geht er sofort los in die Küche und füllt es wieder auf. Er steuert dann seinen alten Sitzplatz auf dem Sofa neben Ani an und nuschelt wegen der Nüsse, die schon in seinem Mund verschwunden sind zu diesem: »sch ma rotze.« »Häää?! Wie hast du mich bitte genannt?! Hast du gesagt, rutsch mal rüber Rotzer?!«

Gero hat seinen Mund inzwischen geleert und artikuliert die folgenden Wörter überdeutlich: »Quatsch, warum sollte ich. Deine Nase sieht doch heute ausnahmsweise ganz in Ordnung aus.« Er grinst und verkündet: » Ich habe lediglich mein neues Wort gesagt, das ich jetzt legen werde und mit dem ich heute Abend auf jeden Fall – na, ihr wisst schon.« Ironischen Blickes bemerkt er dann: »Naja, vielleicht sollten wir mal ernsthaft die Anschaffung einer echten Krone überdenken.« Wir anderen schauen ihn belustigt und gleichzeitig besorgt an. Einerseits belustigt, weil die Vorstellung von Gero mit einer schweren Krone auf dem weisen Haupt durchaus lächerliche Anreize bietet, auf der anderen Seite verunsichert uns Gero in fast jeder Spielrunde mit solchen selbstbewussten Behauptungen, dass er auf jeden Fall an diesem Abend Scrabblekönig werden wird.

Er legt quer auf ein dunkelrotes Prämienfeld an ein waagerechtes »Schwein« die Buchstabenfolge »Schmarotze«. »So!«, Gero lehnt sich voreilig zufrieden zurück,»damit wäre ja wohl klar, wer der heutige Gewinner ist!« Sogleich erhebt sich von uns anderen ein Mordsgezeter: »Was ist das denn für ein Wort? Du studierst das doch, wie peinlich, dann hätte ich ja auch meine ›Quallenknödel‹ legen können«, etcetera pp. Gero lächelt immer noch siegessicher, »Ist doch klar ihr Hirnies, Schmarotze ist die versubstantivierte Bezeichnung eines Schmarotzers.«

Tom blättert nervös in dem dafür bereitgelegten Duden und verkündet dann triumphierend: »Schmarotze gibt es nicht.« Gero springt auf, »Natürlich gibt es das, zumindest umgangssprachlich!« Ani, der sich inzwischen natürlich auch in die stehende Position bemüht hat ruft: »Hilfe, wir spielen mit einem Analphabeten!« Ich stehe ebenfalls auf und will besänftigend erklären, dass wir doch immer nach den Regeln des neuesten Duden spielen, und Gero das Wort demnach leider nicht legen könne.

Aber Gero schneidet mir wutschnaubend das Wort ab: »Ich korrigiere mich: du machst kein Gesicht wie ein kleines faltiges Möpschen, du hast nicht mal welche! Von den Möpsen der Frau unten im Hausflur kannst du doch nur träumen. Kein Wunder, dass du lesbisch bist.« Noch während Gero in diesen verletzenden Angriff unter die Gürtellinie startet, bin ich schon dabei ein widerliches Gebräu in Geros halbgeleertem Bierglas anzurühren. Der Rest der Vanillecreme wird hinein geschüttet, ein paar zerbröselte Salzstangen und ein bisschen Rotwein folgen. Dann klaue ich dem Ficus, der direkt neben mir steht eine handvoll Blumenerde und verrühre das ganze Gemisch zu einer appetitlichen Matschepampe. Ich schaue Gero an, der sich gerade mit Ani streitet und übertöne schreiend den Kampfeslärm: »So, mein lieber Gero, hier hast du mal eine Kostprobe Schmarotze« und schütte ihm den Inhalt des Glases mit einer heftigen Bewegung ins Gesicht. Stille. Gero steht da wie versteinert mit tropfenden Haaren.

Tom sagt leise: »Na ja, ich hab mal gehört, dass Schmarotze wahnsinnig gut für die Haarstruktur sein soll.« Wir anderen brechen daraufhin in immer heftiger werdendes Gegacker aus, bis wir schreiend und japsend auf die nächstmögliche Sitzgelegenheit fallen, wir können uns gar nicht mehr beruhigen. Selbst Gero muss sich die Lachtränen aus den mit Vanillecreme verklebten Augen wischen.

Er verschwindet kurz im Bad, um die Spuren der heutigen Scrabblepartie zu entfernen und seinen Haarschopf neu zu föhnen und zu stylen. Während der Föhn im Badezimmer rauscht, beseitigen wir anderen drei, immer noch lachend, die gröbsten Spuren der Verwüstung. Das Spielbrett und die daraufliegenden Buchstabenfolgen werden aber nur gesäubert und nicht weggepackt, denn nach unserer Tradition wird jede Runde zu Ende gespielt, ganz gleich welche Kämpfe zwischen uns ausgetragen werden. Als Gero wiederkommt, beginnt unser Gekicher abermals, denn seine Haarpracht ist zwar wie gewohnt strubbelig, wirkt aber wegen des Vanille-Rotwein-Bier-Gemisches wie festbetoniert.

»Ich muss mir unbedingt aufschreiben, was du da reingetan hast, Kati, ein umwerfendes Stylingprodukt, ersetzt jedes Gel.«

Unser geselliges Beisammensein dauert aber nicht mehr lange, denn Gero legt für »Schmarotze« das Wort »Schmatzer«. Somit hat Gero das Spiel heute Abend überlegen gewonnen und geht zufrieden nach Hause. Die anderen beiden gehen zwar nicht ganz so zufrieden, aber dafür ziemlich gelöst und erheitert eine halbe Stunde später.

Kurz darauf schließt meine Lebensgefährtin Nadine die Tür auf und erkundigt sich nach dem Verlauf unseres Spieleabends. Ich schaue amüsiert auf die noch verbliebenen Flecken »Schmarotze« auf dem Laminat und sage breit grinsend: »schmarotzig«.

Verlust der Wirklichkeit

Ich spüre, wie mein Bewußtsein überglüht wird
von polarisierenden Hysterien.
Solange ich in diese manischen Wellen eintauche und
mich von der Schönheit der
Abwechslung berauschen lasse,
muss ich nichts wahrnehmen, wird mir nichts bewusst.
Wenn ich mich
preisgebe,
mich wirklich mache,
habe ich
verloren.

12.05.1996

Einfach nur so

Einen Augenblick lang ausgeufert.
Verschmolzen mit Tagträumen.
Einfach nur so.
Einen Augenblick lang
jemand anders sein
und

hemmungslos leben.
Einfach nur so.

Dich einen Augenblick lang
Spüren lassen,
wie sich Ohnmacht anfühlt.
Einfach nur so.

02.01.1997

Entschlossenheit

Entschlossen leben.
Den Mut haben,
fortlaufend
jedem schönen und jedem schmerzvollen Augenblick
bewusst und eindringlich zu begegnen.
Zufrieden
und
groß
werden.

Entschlossen zum Schluss kommen.
Die Kraft haben,
allmählich
jeden schönen und jeden schmerzvollen Augenblick
gefasst und würdevoll gehen zu lassen.
Zufrieden
und
groß
sein.

Dezember 2005

Karlsson vom Dach

Es ist Frühling und somit Paarungszeit. Ich war dem Tipp meiner Kollegen gefolgt, wonach hier oben ein angesagter Singletreff stattfindet. Quasi eine Zusammenkunft von liebeshungrigen Gleichgesinnten. Denn, obwohl man mich als jung, dynamisch und überdurchschnittlich gutaussehend bezeichnen kann, friste ich seit einigen Brunft-Saisons ein Junggesellen-Dasein und suche ein Weibchen. Ich traf sämtliche Vorbereitungen, um mich möglichst vortrefflich in Szene zu setzen. Ich blähte vorm Spiegel probeweise meine potenzversprechende, kehlständige und resonanzverstärkende Schallblase auf. Und muss zugeben, ich bin zufrieden, denn meine Ausstattung ist nicht von schlechten Eltern. Außerdem bereitete ich mich vorsichtshalber noch auf meinen mitternächtlich anstehenden Gesang durch die rhythmische Wiederholung des für unsere Gattung so charakteristischen »äpp..äpp..äpp...äpp«, welches ich schätzungsweise vier bis sechs mal pro Sekunde schaffe, vor.

Das Emporkommen war eine echte Herausforderung. Zwar bin ich aufgrund der Adhäsionskräfte der feuchten Bauchhaut, sowie der Anhaftung der Gliedmaßen-Unterseite an der jeweiligen Oberfläche in der Lage, auch glatte Fensterscheiben hoch zu klettern, dabei helfen mir sogar noch zusätzlich die rundlichen Haftballen an den Finger- und Zehenspitzen, die man mit bloßem Auge gut sehen kann. Aber, alter Verwalter, der Aufstieg war eine langwierige und schweißtreibende Prozedur. Da meine Haftballen beim Druck auf die Unterlage Gewebsflüssigkeit produzieren, zeugen immer noch winzige und klebrige Fußspuren von meinen Kletterkünsten.

Und nun sitze ich auf einem Stein in einem quadratischen, unnatürlichen Feuchtbiotop. Ich bin aber nicht nur gescheitert, sondern habe mir auch noch gehörig den Arsch verbrannt. Auf den vielen Rechtecken neben mir tummeln sich zwar unzählige köstliche Wasserinsekten, aber weit und breit kein einziges attraktives Exemplar der Gattung Hyla *arborea*. Tja, ich war zwar wagemutig und unerschrocken genug, ein neues Territorium zu erkunden, komme mir jetzt aber vor, als ob in dieser neuen Welt kein Platz für mich ist. Soviel zum Thema andere Welten erobern und ein Held sein. ‚Was der Bauer nicht kennt, …‘ – daran hätte ich mich halten sollen. Wie komme ich denn bitteschön hier wieder runter?

Die junge Frau sitzt auf ihrer Terrasse, die an die vielen Garagen der umliegenden Häuserblocks grenzt und schaut betrübt auf die Wasserdächer. Sie hat ihren Frosch passenderweise Karlsson getauft. Wie zum Henker kam diese Amphibie bloß auf das Garagendach? Seit wann können denn Frösche klettern? Sie muss das mal googlen. Aber seit ein paar Tagen vermisst sie sein mitternächtliches Gequake. Ihr Prinz ist fort.

Juni 2014

Gleichmut

Gleichmütig der Zeit
begegnen, blicklos nach
vorn schauen und
mich dem Lauf der Dinge stumpf übergebend.

So rieseln endlose Momente dahin.
Empfindungslos in der Vergangenheit verweilen und
mich dem Wankelmut des Lebensgefühls kraftlos unterwerfend.

So riesel ich dahin.
Unbewegt dem unaufhaltsamen Strom
der Perlen folgend stehe ich neben
mir und entsage meiner Wahrnehmung.

Nicht mehr mutig sein
müssen. Nicht mehr
spielen müssen.
Nicht mehr aufrecht da sein müssen.

Einfach nur gleichmütig sein dürfen.

Juni 2007

Seifenblasen

Während schillernde Körper der Selbsttäuschung und des Trugs
in vergangenen
Tagen sanft
und
flüchtig
am Boden
zerplatzten wie
Seifenblasen
prallen sie
gegenwärtig
hart und schwer
gegen den Grund
aus Beton.
Ständig
versuche ich
meine Gedanken
und Tagträume
zu beflügeln.
Damit sie nicht
so tief stürzen.

Februar 2009

Labradoodle

Es ist Sonntagmorgen 08:45 Uhr. Was mich da unsanft aus dem Schlaf reißt, ist das tosende Scheppern des altmodischen Telefons. Ich weiß genau, dass die liebe Monika wieder mal eine absolut tolle Neuigkeit loswerden muss, die keinesfalls noch ein paar Stunden länger hätte unausgesprochen bleiben können. So'n Mist!

Also taste ich nach dem guten alten Telefon, bei dem es sich wirklich um ein Erbstück mit Drehscheibe und einem Telefonhörer mit einem lustig gekringelten Verbindungskabel handelt. Da die Reichweite logischerweise nur der Länge des Kabels entspricht, liegt mein Telefon halb neben mir auf der Matratze. Ich habe den Hörer noch nicht mal komplett an mein Ohr gepresst, da tönt mir die kehlige und vom Kettenrauchen gepeinigte Stimme von Moni in einem penetranten Singsang entgegen:

»Duhuu, ich hab jetzt einen Labradoodle und er schläft sogar schon in meinem Bett.« Meine Fantasie läuft angesichts dieses schlüpfrig klingenden Namens aus dem vermeintlichen Beate-Uhse-Katalog auf Hochtouren und kickt die letzte Restmüdigkeit aus meinem Bewusstsein. Was zum Henker ist ein Labradoodle? Der neue Produktname eines trendigen Vibrators? Oder ein aufblasbarer Ken mit Erdbeergeschmack in Lebensgröße?

»Ähm, ich wünsche dir auch einen wunderschönen guten Morgen. Was bitte ist denn ein Labradoodle?!«

»Mensch Caro, lebst du eigentlich hinter dem Mond oder was? Diese fantastischen Kreuzungen aus Labrador und Pudel kennt doch wohl jeder, der was auf sich hält!«

»Langsam werde ich aber wirklich stinkig. Seit wann interessierst du dich für Hunde? Ich dachte immer, du bist gegen Tierhaare allergisch? Und das Höchste der Gefühle ist ein Goldfisch im Glas.«

»Jaaa, bin ich ja auch«, jubiliert sie in den Hörer »Aber ein Labradoodle haart nicht und ist deshalb perfekt für Allergiker. Toll, nicht?

Ich kam übrigens sozusagen auf den Hund, weil ich neulich in der Kneipe einen unglaublich schnuckeligen, attraktiven Typen kennengelernt habe, der zufällig Labradoodle-Züchter ist und mir einiges über seine großartigen Tiere erzählt hat.«

Monika, Monika, das darf ja wohl nicht wahr sein. Ich dachte immer, meine beste Freundin wäre halbwegs emanzipiert und würde nicht auf jeden Labradoodle-Züchter reinfallen.

»Heißt im Klartext, er hat dir von seinen tollen Hunden vorgeschwärmt und am nächsten Tag bist du dann gleich hingefahren und hast dir einen Labradoodle für Unsummen geholt, stimmt's?«

»Caro, nun sei doch nicht immer so negativ drauf. Aber ich bin tatsächlich am nächsten Tag zu ihm aufs Land gefahren und später mit einem sieben Monate alten Labradoodle wiedergekommen. In schokoladenbraun. Mit einem süßen Mondgesicht, umkringelt von braunen Löckchen.«

»Und hat er denn wenigstens auf den Preis des Labradoodles noch eine ordentliche Partie Sex gratis draufgeschlagen?!«

»Tja, ich genieße und schweige, aber der Labradoodle ist wirklich unglaublich süß und Thorsten hat mir noch einen Sonderpreis gemacht, außerdem ist mein Labradoodle nicht ganz so perfekt, wie er sein sollte, das mit dem überhaupt nicht haaren trifft auf meinen nicht ganz zu.«

»Hä? Aber ich dachte, du als Allergiker wärst darauf angewiesen, dass er nicht haart?«

»Nun, Thorsten hat mir versichert, dass dieser kleine Defekt kein

Abbruch am gesundheitsfördernden Einfluss des Labradoodle hat.« Klar, weil man mit jedem Hund und wahrscheinlich gerade mit einem Labradoodle bei Wind und Wetter vor die Tür muss und zu jeder Tages- und Nachtzeit seine Kondition auf Vordermann bringen muss. Also hat ein Labradoodle durchaus herz-kreislauffördernde Eigenschaften, nur das defektiöse Haaren scheint für Monika keine Rolle zu spielen, solange Thorsten nicht haart.

»Wie groß ist denn dieser fantastische Labradoodle und wie heißt er? Ist in deinem Haus überhaupt Hundehaltung erlaubt?«

»Also, irgendwie scheinst du ja nicht so begeistert zu sein, mein Vermieter erlaubt sogar fliegende Elefanten, wenn sie auf den Balkon passen.«

Ich muss widerwillig lachen über Monikas typische Art, trockene Witze zu machen, die nicht bei jedermann gut ankommen und eher fettnäpfchenlastig sind. Ich grinse hörbar und verlange die Personalien des Labradoodles.

»Er hat eine Schulterhöhe von 54 cm, wobei er noch nicht ausgewachsen ist. Aber er ist schon mehr oder weniger stubenrein. Über den Namen bin ich mir jedoch noch total im Unklaren. Es ist der vierte Wurf aus Thorstens Zucht und demnach müssen die Namen der Welpen alle mit dem vierten Buchstaben des Alphabets beginnen, also mit D. Dagobert, Denver, Dexter, Donald oder Dieter. Mir fällt absolut kein passender Rüdename mit D ein und da wollte ich dich um Rat fragen. Pass auf, du kommst gleich zum Sektfrühstück her und dann taufen wir ihn!«

Während ich mich fertig mache, schwirren mir lauter Hundenamen mit D im Kopf herum, die aber langfristig weder Halter noch Hund glücklich machen würden. Als ich gegen zehn Uhr bei Monika klingel, und durch den Hausflur in den ersten Stock laufe, begrüßt mich ein freudiges Gebell, dem Monika mit einem saftigen Anschiss begegnet. Diese Form der Kommunikation ist quasi ihre zweite Muttersprache. Als sie die Tür öffnet, wuselt mir ein schokobraunes Fellknäuel entgegen, das sich sofort um meine Füße herumkugelt. Ich beuge mich entzückt über diesen Riesenwelpen, der sofort mit einem Happs meine Hand in seinem Maul verschwinden lässt. Glücklicherweise nur für einen Moment, dann gibt er dieses Beutestück sofort wieder frei. Er will mir wohl nach Hundemanier einen Handkuss geben, leider trieft meine Hand jetzt vor Hundesabber, aber ich will ja nicht kleinlich sein und wische sie verstohlen an meiner Jeans ab. Spontan sage ich zu ihm: »Hallo, du süßer Doodle.« Er richtet seine Knopfaugen intensiv auf mich und vor lauter Begeisterung und Schwanzwedeln kracht sein doch schon recht stattliches Hinterteil entweder gegen die Flurwand oder gegen den vor Monis Haustür geparkten Wäschekorb.

Monika lacht, als sie uns zusieht und ruft vergnügt: »Doodle! Das ist der passendste Name. Ich wusste doch, Caro, auf dich ist Verlass.« Etwas betreten schaue ich auf das fiepsende etwas Doodle. Dieser lächerliche Kosename wird bestimmt zu Mobbing auf der Hundewiese führen und ich bin schuld. »Bist du dir sicher? Ich meine Doodle ist irgendwie so ... äh ... obszön.«

»Aber nein, aber nein. Obszön ist nur der, der sich unter diesem Namen etwas Zweideutiges vorstellt. Doodle finde ich übelst lustig.«

Während unseres Frühstücks ruft sie ungefähr dreihundertsiebenundachtzig Mal Doodle und zum Schluss hört er sogar auf diesen Namen. »Guck mal, er hört sogar.«

»Logisch, mit Leberwurst in der Hand würde er sogar auf den Namen Springschanzen hören.«

Aber Monika ist mit Doodle glücklich und schließlich ist es ja ihr Hund. Denke ich zu dieser Zeit zumindest noch.

Daraufhin vergehen etliche Tage, an denen ich mir salbungsvolle Worte entweder über Thorsten oder über Doodle anhören muss. Ich arbeite als Übersetzerin überwiegend von zu Hause aus und mir fällt regelmäßig die Decke auf den Kopf. Manchmal bin ich ja fast neidisch auf Moni, deren Doodle sie an die frische Luft zwingt und Thorsten tut sein Übriges. Jedenfalls bis zu dem Morgen, als sie von einem eitrigen Ausschlag gezeichnet und mit verweinten Augen mit Doodle vor meiner Tür steht. »Meine Fresse, was ist passiert?«, rufe ich schockiert und lasse Frauchen und Tierchen eintreten, wobei ich nicht sagen kann, welcher Kopf tiefer hängt und welches Gesicht betrübter drein schaut. Beide lassen sich auf mein Sofa plumpsen.

Ich überlege, ob ich Doodle auch eine Tasse Kaffee anbieten soll, begnüge mich dann aber damit, ihm eine Schale Wasser auf den Boden zu stellen, die er jedoch vollständig ignoriert. Auch Monika lässt ihren Kaffee stehen und heult los: »Männer sind alle so ichbezogen, egozentrisch und widerlich. Labradoodle-Züchter sind die Schlimmsten von allen. Arrogante und überhebliche Dreckskerle!«

Eine übliche Verkaufsstrategie von Thorsten ist es wohl, gutaussehende Frauchen abzuschleppen und nach einer berauschenden Nacht mit einem Labradoodle-Welpen heimzuschicken. Ich verkneife mir ein »Siehste, ich hab's dir doch gesagt« und schau intensiv in meinen Becher, wo zufällig der Spruch »Hunde, die bellen, beißen nicht!« aufgedruckt ist. Doodle legt seinen Kopf vertrauensvoll auf Monis Oberschenkel.

Sie schaut ihn an und während sie lächelt, löst sich aus ihren Augen ein wahrer Sturzbach. »Außerdem hat sich jetzt herausgestellt, dass ich doch gegen Tierhaare allergisch bin, wie du siehst. Ich habe nachher einen Termin bei einem Allergologen, der kann da bestimmt was machen. Aber ich wollte dich bitten, Doodle für ein paar Tage zu nehmen. Seine Sachen habe ich unten im Auto.«

Fragend und gleichzeitig bittend blinzelt sie mich aus rotgeränderten Augen an. Monika hätte den Allergologen aufsuchen sollen, bevor sie Doodle in ihre Obhut genommen hat und trotz ihres bedauernswerten Zustandes kann ich mit einer kleinen Standpauke über verantwortungsbewusstes Handeln gegenüber unseren Mitgeschöpfen nicht hinter dem Berg halten. Lahm schließe ich: »Ich mach's für dich und für Doodle.« Während wir Unmengen von Hundezubehör, wie zum Beispiel Futter, verschiedenste Näpfe und Körbchen, Hundespielzeug, Leckerchen, Hygieneartikel, Stylingprodukte etc., in meine Dachgeschosswohnung schleppen, frage ich mich ernsthaft, wann ich bloß unter die Tierschützer gegangen bin. Ich habe keine Probleme mit Hunden oder so, aber mir einen anzuschaffen, ist mir bisher noch nie in den Sinn gekommen.

Nachdem Monika gegangen ist, setze ich mich im Schneidersitz Doodle gegenüber auf den Fußboden. Er schaut mich mit dem typischen Hundeblick an und ich seufze abgrundtief: »Tja, mein Freund, nun müssen wir wohl eine Zeitlang miteinander auskommen.« Er lässt einen ebensolchen Seufzer los und stupst mir einen Tennisball zu. Das nehme ich als Aufforderung, dass er vor die Tür zu gehen verlangt und so leine ich ihn an ein mit Strass besetztes, geblümtes Unding in grellen Farben an, und schwöre mir, bei der nächsten Gelegenheit eine unauffälligere Leine zu besorgen. Als ich vor die Haustür trete, begegnet mir eine Frau mit zwei Hunden und da ich keine Ahnung habe, wo man mit seinem Tier Gassi geht, beginne ich ein Gespräch mit ihr und frage sie nach möglichen Strecken. Sie gibt mir freundlich die Auskunft, dass hier gleich um die Ecke eine sogenannte Hundewiese ist, wo man seine Vierbeiner auch ungestraft freilaufen lassen kann. Gut, aber ich weiß eigentlich gar nicht, ob Doodle auf mich hören wird und ich ihn laufen lassen sollte.

Auf der Hundewiese angekommen, merke ich, dass Doodle viel zu ängstlich ist und immer nur so weit wegläuft, dass er mich sehen kann. Wir spielen ausgelassen mit dem Tennisball und joggen um die Wette. Außerdem mache ich die Bekanntschaft von vielen anderen Hundebesitzern, und Doodle sonnt sich in der allgemeinen Aufmerksamkeit, die ein tapsiger und hinreißender Welpe in seiner gesamten Umwelt hervorruft. Als wir dann abends in Richtung Heimat aufbrechen, kann ich nicht sagen, wer von uns beiden erschöpfter und hungriger ist. Nachts finde ich aber keinen Schlaf, weil sich Doodle vor meiner geschlossenen Schlafzimmertür positioniert hat und jammert.

Seufzend öffne ich die Tür und muss lachen, als Doodle vor Begeisterung regelrecht ausflippt. Ich erzähle Doodle noch etwas über einen Termin mit meinem Redakteur, den ich morgen früh habe und, dass er dann ein paar Stunden allein sein muss. Während ich gemütlich in meinem Futonbett liege und Doodle volltexte, spüre ich auf einmal, wie sich etwas Schweres und Warmes von meinen Füßen aufwärts anpirscht. Ich öffne meine Augen und will schon eine Strafpredigt darüber halten, dass Hunde eigentlich nicht ins Bett sollen, aber da muss ich schon wieder schmunzeln. Doodle robbt nämlich Stückchen für Stückchen auf mich zu und macht dabei ein bezaubernd unschuldiges Gesicht, als ob er kein Wässerchen trüben könnte. Zum Schluss legt er seine Vorderpfoten auf meinem Arm, seinen Kopf auf meinem Bauch, grunzt zufrieden und macht die Augen zu. Ich bin von einem unerklär-

lichen Glücksgefühl erfüllt und schlummere ein, wobei mir noch auf-
fällt, dass Doodle schnarcht. Obwohl ich diese Eigenschaft bei all mei-
nen Exfreunden gehasst habe, finde ich es bei ‚meinem' Welpen ange-
nehm und einschläfernd.

Am nächsten Tag ruft Moni an und macht mir bewusst, dass Doodle
nicht ›mein‹ Welpe ist. Denn sie berichtet mir von den Maßnahmen, die
sie zusammen mit ihrem Arzt unternimmt, um Doodle schnellstmöglich
wieder ein Zuhause bei sich bieten zu können. Schon nach einem Tag
und einer Nacht zusammen mit dem Köter kann ich ihn nicht mehr
hergeben. Nun ja, während meiner langjährigen Freundschaft mit Moni
habe ich gelernt, dass nichts so heiß gegessen, wie es gekocht wird,
denn Monis spontane und impulsive Lebensart lässt keine dauerhafte
Planung zu. Wir werden sehen ... Zunächst wird Doodle solange bei mir
bleiben, bis Monis Hyposensibilisierung vollständig abgeschlossen ist.
Sie ist bisher die einzige ursächliche Behandlungsmöglichkeit einer Al-
lergie. Hierbei wird dem Allergiker das für ihn relevante Allergen in
steigender Dosis zugeführt, um den Körper daran zu gewöhnen. Moni
kann oder will mir keine Auskunft darüber geben, welchen Zeitraum so
ein Hypodingsbums umfasst.

In den nächsten Wochen stellt sich bei uns eine gewisse Routine
ein: Ich werde zur Frühaufsteherin, ernähre mich gesünder und be-
wusster, beim Treppensteigen muss ich nicht mehr so viel keuchen, weil
ich viel sportlicher geworden bin, und ich habe durch Doodle ein paar
nette Leute kennengelernt, mit denen ich mich auch schon mal verab-
rede. Die Intervalle zwischen Monis Kontrollanrufen werden auch im-
mer länger und alles wird bestimmt gut.

Am Sonntagmorgen laufen Doodle und ich durch den Park und an
der Hundewiese vorbei. Es ist schon kühl für Ende September, trotzdem

sitzt ein Mann auf ‚meiner' Bank und schaut seinem schwarzen Hund beim Toben mit einem anderen Vierbeiner zu. Ich habe ihn hier noch nie gesehen, und ich weiß nicht recht, ob mir sein Anblick oder die körperliche Ertüchtigung den Atem raubt. Er ist schätzungsweise Anfang, Mitte 30, hat kastanienbraune, lockige Haare fast so wie Doodle. Er trägt einen verwegenen 5-Tage-Bart und hat einen unfassbar sympathischen Gesichtsausdruck, der mich anzieht. Ich verlangsame mein Tempo und versuche Doodle durch schiere Willenskraft dazu zu bewegen, sich zu den spielenden Hunden zu gesellen. Das tut er auch und ich verlangsame mein Tempo noch mehr. Dann zwinge ich mich, dem Mann ein entspanntes ‚Hallo' zuzurufen. Daraufhin zeigt er ein grübchenlastiges Lächeln und fragt mich, ob ich neu hier sei, er hätte mich noch nie hier gehört. Kurz wundere ich mich über diese Ausdrucksweise, komme dann aber direkt vor ihm zum Stehen und wir beginnen ein Gespräch. Nach ein paar Stunden auf der unbequemen Holzbank bin ich total tiefgefroren und schlage ein Mittagessen, oder zumindest einen Kaffee in der nahegelegenen »Kaltenschnauze« vor, ein gemütliches, veganes Bistro, welches vorwiegend von Hunden und ihren Besitzern frequentiert wird. Dennis ist einverstanden und ruft seine schwarze Mischlingshündin mit dem Namen Puck zu sich. Puck ist ja eigentlich der Waldgeist aus dem Sommernachtstraum und männlich, aber als Dennis sie vor fünf Jahren bekam, fiel ihm auf die Schnelle kein angesagter weiblicher Hundename ein und mit der Zeit klang der Name für ihn von Ruf zu Ruf femininer. Ich erzählte ihm von der unglücklichen Namensgebung von Doodle, die ich verschuldet hatte, aber obwohl der Name bei zunehmenden Gebrauch nicht unbedingt maskuliner wird, so hab ich mich mittlerweile an ihn gewöhnt. Puck, Doodle, Dennis und ich gehen also in die Kalteschnauze und mir fällt auf, dass, sobald sich Dennis erhebt, Puck sich an sein Bein drängt und mit aufmerksam gespitzten Ohren geradeaus starrt. Dennis schaut mir während des kompletten Weges direkt in die Augen und ich bin viel zu aufgeregt, um daran etwas Ungewöhnliches zu finden. Wir unterhalten uns richtig gut und später tauschen wir noch Telefonnummern aus, die wir gleich in unseren Handys einspeichern. Dennis hat ein höchst merkwürdiges Mobiltelefon mit ganz vielen unebenen Tasten. Nachdem wir uns dann verabschieden und Dennis nach links schlendert, schaue ich diesem faszinierenden Mann für einen Moment hinterher. Puck hat wieder ihre wachsame Haltung eingenommen und es sieht fast so aus, als ob sie ihr Herrchen um eventuelle Hindernisse herumführt. Verwirrt und völlig aufgekratzt setze ich mich dann in die andere Richtung in Bewegung und renne, hüpfe, springe nach Huse, sodass mich Doodle ganz irritiert anschaut.

Gegen Abend ruft Moni an. Ich fürchte mich mittlerweile vor den Gesprächen mit ihr, da ich den Gedanken an die mögliche Trennung von Doodle nicht ertragen kann. Doodle ist aber gar nicht Monis Thema, es geht ausschließlich um den neuen Mann in ihrem Leben. Witzigerweise knüpft sie zarte Bande zu ihrem Allergologen, sodass ihre Allergie doch noch positive Seiten für alle Beteiligten zu haben scheint. Es ist aber keine ihrer Ex- und- hopp-Beziehungen, sondern eine leise und ernste Romanze.

Ich muss ihr dann auch gleich von Dennis erzählen, und als ich die Auffälligkeiten des Verhaltens seines Hundes und die Tatsache erwähne, dass er mich während des Laufens fortwährend anschaute, sagt Moni mit einem hörbaren Stirnrunzeln: »Auweia, da hat sich unsere Caro wohl in einen Behinderten verliebt.« Fassungslos schließe ich die Augen.»Wie kommst du denn auf diesen Schwachsinn? Und selbst wenn es so wäre, benutz bitte nie wieder dieses grässliche Wort. Außerdem wäre er allenfalls blind und nicht behindert..« Vor Empörung bleibt mir fast die Luft weg.

»Und was ist man, wenn man nicht sehen kann? Na, behindert und blind! Er ist zwar kein Spasti, dennoch behindert.« Ich lege einfach auf, weil mir dazu einfach nichts mehr einfällt. Im Grunde hat sie ja Recht, aber ihre Wortwahl ist echt zum Kotzen, und ich weiß ja noch nicht einmal, ob sie mit ihrer Vermutung richtig liegt. Ich muss es einfach sofort wissen, schnappe mir mein Handy und rufe Dennis gleich an. Er hebt nach ein paar Klingelzeichen auch ab. Als ich seine sexy Stimme höre, die immer so klingt, als ob er die Nacht durchgemacht hat und nun einfach keine Lust hat zu sprechen, werden mir die Knie weich. Eigentlich weiß ich gar nicht genau, was ich sagen soll und so platzt es einfach heraus: »Bist du blind, oder was?« Vermutlich nicht sonderlich feinfühlig von mir, aber etwas Besseres ist mir in diesem Moment nicht eingefallen. Ich höre sein leises, unterdrücktes Lachen als er sagt: »Na, wir haben uns doch erst vor ein paar Stunden getrennt, aber schön, dass du anrufst, ich wünsche dir auch einen guten Abend.«

Mist. Wie peinlich. »Ähh..., entschuldige. Aber ich war grad so in Gedanken und mir sind im Nachhinein einige Sachen aufgefallen, die ich vorhin nicht bewusst wahrgenommen habe. Du kannst nicht sehen, oder?«

»Stimmt, kann ich irgendwie nich, wobei ‚blind' wäre übertrieben. Ich bin seit meinem 15. Lebensjahr von der seltenen Augenkrankheit Keratokonus betroffen und wie es bei dieser Krankheit häufig der Fall ist, haben die Ärzte bei mir anfangs nur eine starke Kurzsichtigkeit diagnostiziert. Es wurde im Laufe der Zeit aber immer schlimmer, bis ich vor ca. 5 Jahren an einen guten Augenarzt geriet. Man kann den Karatokonus zwar operieren, aber das bewirkt nur ein ‚einfrieren' des Zustandes und keine Verbesserung. Letztendlich besteht dann nur noch die Möglichkeit einer Hornhauttransplantation – aber das ist ja ekelig. Mein rechtes Auge ist stärker betroffen als das Linke, und ich kann überhaupt keine Details mehr ausmachen, nur noch vage Umrisse und kontrastreiche Farben. Mit Kontaktlinsen ist es etwas besser, aber eigentlich auch nicht der Rede wert. Wenn ich draußen bin, ist Puck mir eine große Hilfe. Sie ist ein sehr einfühlsames und sensibles Tier, sodass ich ihr kaum die Aufgaben und Anforderungen beibringen musste, die ein Blindenführhund bewältigen muss. Tut mir übrigens leid, ich wollte dich nicht in die Irre führen. Außerdem geh ich schon so selbstverständlich mit diesem Handicap um und da hab ich wohl einfach vorausgesetzt, du hättest es bemerkt. Ach ja, um dir deine nächste Frage gleich vorweg zu nehmen: Puck trägt kein Blindengeschirr, weil ich sowas total affig finde. Alles klar jetzt?«

»Ääh, denk schon, ääh.« Mist, Mist, Mist. Was soll ich denn jetzt sagen? Während ich noch überlege, tönt seine vor Hohn triefende Stimme: »Gut, ich muss dann mal los. Wenn dich mein kleines Handicap so sehr verunsichert, dass du nur noch Sätze die mit ‚Ääh' beginnen stottern kannst, dann sollten wir unsere Beziehung wohl besser nicht vertiefen. Wenn es anders sein sollte, würde ich mich über einen erneuten Anruf freuen. Tschö.«

Das darf ja wohl nicht wahr sein, ich rege mich über Moni und deren Ausdrucksweise auf und bin selber total verpeilt, und kriege nur ein Ääh raus, Mist. Wie peinlich. Und jetzt glaubt er auch noch, ich würde mich an seiner Sehschwäche stören. Am liebsten würde ich ihn gleich nochmal anrufen, aber ich glaube, ich sollte mir nächstes Mal genau überlegen, was und wie ich es sage. Also rufe ich erstmal wieder bei

Moni an, es ist mir schon in Fleisch und Blut übergegangen, dass ich sie bei Herzensangelegenheiten um Rat frage. Nachdem wir unsere Meinungsverschiedenheit geklärt haben, berichte ich ihr von meinem Gespräch mit Dennis. Sie rät mir, sofort anzurufen, um mein verworrenes Gerede aufzuklären. Sie verabschiedet sich mit einem typischen Monika-Satz: »Wenn er wirklich so unfassbar attraktiv ist und wirklich fast nichts sieht, also fast behindert ist, dann fällt es ja nicht so auf, wenn ich ihn anstarre und mir dabei Speichel aus dem Mund tropft.« Nun denne, ich kann leider nichts gegen mein galoppierendes Herz tun, als ich auf das Freizeichen lausche.

Gerade will ich schon auflegen, da meldet er sich mit einem kurz angebundenen und genervten »Ja?«

Ich räusper mich und fange an, meine einstudierten Sätze aufzusagen:

»Hey, ich bin's nochmal. Ich wollte mich eigentlich nur bei dir entschuldigen. Ich habe mir gar nicht überlegt, was bzw. wie ich es sagen soll und deshalb kam das alles so beschissen rüber.« Als sich das Schweigen am anderen Ende des Hörers beharrlich ausdehnt, schließe ich die Augen und fahre fort. »Außerdem war ich wohl angepisst, dass du einfach aufgelegt hast. Ich bin überhaupt nicht verunsichert von deinem Handicap, und wenn es dich auch nicht verunsichert, dann ist doch alles klar.« Schweigen. »Und ich hab kein einziges Mal mit ‚Ääh' angefangen.«

Als immer noch Schweigen die Stille füllt, wird es mir langsam zu bunt und ich will mich schon mit einem lockeren Tschö verabschieden, als er mit seiner Reibeisen-Stimme sagt: »Ääh, neues Spiel, neues Glück: Lust auf einen Spaziergang?«

Es ist Sonntagmorgen 08:45 Uhr. Was mich da unsanft aus dem Schlaf reißt, ist das tosende Scheppern des altmodischen Telefons. »Du, ich hab jetzt einen Basenji...«

Du

Freundin
Geliebte
Gehasste.
sinnend
sinnlich
Besinnungslos.
fordernd
lauernd
liebend.
flüchtig
furchtvoll
tödlich.

27.10.1996

Zerrissenheit

Allgegenwärtig
aber doch nicht greifbar.
Formlos.
Farblos.
Einfach nur da.

Entweder bist du geschätzte
Feindin oder verabscheute
Gefährtin.
Beunruhigende
und gleichzeitig
tröstliche
Existenz
begräbt und
beschwingt mich.

Ignorierter
und
gleichzeitig
heraufbeschworener Schmerz
betäubt meine Sinne und
lässt mich dulden.

Manchmal verliere ich
mich in dieser
Zerrissenheit. Sehe und
spüre nichts.
Dann bin ich einfach woanders und
lasse geschehen.

Mai 2006

Das tausendste Gesicht

Wie immer freut er sich auf die Nacht. Wie immer kann er es kaum erwarten, dass sie eine willkommene Ablösung zu einem Tag bietet, in dessen Verlauf sich am Kopf kratzen zur Lebensaufgabe wird. In der Finsternis ist er nämlich zu allem fähig. So wie früher, als er noch nicht lebensmüde auf die Nacht wartete. Bevor er ins Bett geht, achtet er deshalb darauf, dass alles in komplette Dunkelheit gehüllt ist, dass das Festnetztelefon, die Türklingel und das Handy ausgestellt sind und das auch kein Wecker und keine nervige Zeitschaltuhr ihn aus der Traumwelt ausspucken können.

Eben ist seine Schwester Lene gegangen. Sie hat ihm heute das Mittagsessen gekocht und angereicht. Dann haben sie noch gemeinsam einen Tee getrunken und nun sitzt er vor dem Fernseher. Lene hat ihm die Spezialfernbedienung mit den sensomotorischen Touchscreentasten in die Hand gedrückt. Seine Hände sind ihm seit ca. drei Jahren nicht mehr von großem Nutzen, sie dienen allenfalls der dekorativen Drapierung um hübsche oder zuweilen auch praktische Gegenstände, wie zum Beispiel die Fernbedienung, um die Lene gerade seine spastischen Finger gekrümmt hat. Die Finger gehorchen nur noch mit minimalsten Bewegungen und sind auch nicht mehr in der Lage, Kraft auszuüben. Genauso verhält es sich mit seinen Armen. Sie baumeln nur noch völlig sinnfrei an seinem Körper herab, und lassen ihn wie eine ein-Meter-neunzig-große-Marionette wirken.

Seine Beine hingegen funktionieren noch annähernd so, wie sie sollten, Balance- und Gleichgewichtsprobleme inbegriffen. Um diese auszugleichen benutzt er einen Rollator, dem er anfänglich mit Ignoranz und Herablassung begegnete. So ein Wägelchen, meist in weinrot oder kobaltblau hat immer irgendwie einen Omi-Charakter und er hat das Ding mit farbigen Spraydosen aufgemotzt. Mittlerweile ist er aber froh, auf dieses Hilfsmittel zurückgreifen zu können.

Er ist nun 31 Jahre alt und vor so ziemlich genau sechs Jahren wurde bei ihm Multiple Sklerose diagnostiziert. MS gilt auch als Krankheit der »tausend Gesichter«, da die vielfältigen und unterschiedlichen Symptome zwar alle auftreten können, aber nicht müssen und somit die verschiedensten Gesichter zeigen kann. Ein ziemlicher Schlag für ihn, da das Auftreten dieser Krankheit die Beendigung seines Musikstudiums nach sich zog. Seine vielversprechende Karriere als Saxophonist konnte er auch an den Nagel hängen. Seine Mitgliedschaften in diversen Bands und Orchestern, sowie seinen Job als erfolgreicher DJ mussten ebenfalls dran glauben.

Wenn er seine Zeit bis zum Abend nicht gerade vor dem Fernseher oder seinem sprachgesteuerten Computer tot schlägt, füllt er sie mit kiffen und anderen berauschenden Aktivitäten aus. Da seine Hände nicht mehr in der Lage sind, einen zünftigen Joint zu bauen, musste er zwangsläufig auf den Gebrauch einer Bong zurückgreifen, er arbeitet hier aber eher mit einer klassischen Opiumpfeife. Dieses orientalische Requisit wirkt in seiner von strengen und geometrischen Formen geprägten Zweizimmerwohnung irgendwie fehl am Platz.

Am Anfang des Monats ist er tagsüber nie oder nur selten alleine. Seine Bude wird bevölkert von sogenannten Freunden, die stets die Hoffnung haben, dabei mitwirken zu können, wenn er seine Grundsicherung, die er in Gras umgewandelt hat, zu vernichten. Danach ist das Gras weg und auch die Freunde sind nicht mehr da. Es ist schön gute Freunde zu haben.

Ein paar wenige dieser Freunde sind jedoch so fair, dass sie im Austausch zum Gras zusammen mit seiner Familie und anderen Bekannten seine Versorgung gewährleisten.

Er blinzelt zu der originalgetreu-nachgemachten Bahnhofsuhr mit den großen Zeigern. Seine Augen, bzw. seine Sehkraft sind auch nicht mehr das, was sie mal waren.

Er hat sich von seiner Familie breitschlagen lassen und geht hin und wieder äußerst widerwillig zur MS- Selbsthilfegruppe. Er hat nie den wahren Sinn einer »Selbsthilfegruppe« verstanden. Hauptsächlich ist das hier doch nur Krankheitsgequatsche und echt nix mit Selbsthilfe. Er weiß von einigen Betroffenen, dass Augenprobleme meistens den Beginn einer MS signalisieren. Bei ihm war das völlig anders und auch scheint er sich mit der eher untypischen Form der Krankheit rumschlagen zu müssen. Er hat einen chronisch-progredierten Verlauf, und das bedeutet, dass seine Krankheit sich stetig und unberechenbar verschlechtert. Normal äußert sich die MS schubförmig und manche Kollegen können deshalb von heute auf morgen nicht mehr sehen, sich bewegen oder bei ihnen fallen andere lebenswichtige Funktionen aus. Teilweise bilden sich diese Schübe bzw. die damit einhergehenden Funktionsverluste zurück oder es bleiben nur Kinkerlitzchen nach. Ein Schub kündigt sich immer durch Schwindel, Übelkeit oder durch andere beunruhigende Anzeichen an und so etwas hatte er eigentlich noch nie. Bei ihm verlief die ganze Kiste bisher immer ganz langsam und schleichend. Er hat sich schon öfter gefragt, welche der beiden Varianten vorzuziehen wäre, aber alles hat seine Vor- und Nachteile.

Er hat gleich ein Date mit Mia. Na ja, eigentlich haben seine Dreadlocks ein Date mit Mia. Zum Häkeln. Mia ist die Schwester seines wirklich guten Freundes Torben und sie wohnt glücklicherweise ganz in der Nähe. Nur eine Fußgängerampel der großen Hauptstraße ist zu überqueren. An manchen Tagen scheint diese Barriere unüberwindlich, aber heute fühlt er sich gut und sie wird ihm keine Schwierigkeiten bereiten.

Seit er denken kann hatte er schon immer weizenblondes Pferdehaar und sich als Kind geweigert, diese abschneiden zu lassen. Vor allen Dingen in seiner Teeniezeit waren hüftlange Haare bei Männern total angesagt und der Inbegriff der Coolness. Selbst als seine Erkrankung ihm die Pflege seiner Haarpracht fast unmöglich machte, war er anoch nicht bereit sich von ihr zu trennen. Er entschied sich daher für einen Kompromiss: Dreadlocks. Dreadlocks sind viel pflegeleichter, sind aber auch total hip. So lernte er Mia kennen, die ihn zusammen mit ihrer Schwester einer schmerzhaften Prozedur unterzog und jede seiner Haarsträhnen erst flocht, um diese dann zu filzen und zu dreaden. Mia ist es auch, die ihm die Dreadlocks häkelt. Das muss man bei Dreadlocks regelmäßig tun. Dieser Vorgang wird so bezeichnet, da mit Hilfe einer Häkelnadel die nachwachsenden Haare in die vorhandenen Dreads eingearbeitet werden. Vor einigen Jahren ist er zergraut bzw. ersilbert, so dass seine silbrigen Dreadlocks nun überall großes Aufsehen erregen.

Es ist heute so warm, dass er keine Jacke braucht. Mit seinem Rollator und mit etwas unbeholfenen Schritten stakst er auf den Fußgängerüberweg zu. Als er an der Fußgängerampel steht und den Knopf für das Grüne Männchen drückt, überfällt ihn plötzlich ein leichter Drehschwindel. Die Autos halten und die Ampel reagiert mit einem unbehaglichen Piepsen als Zeichen, dass der Übergang jetzt frei ist. Seine Beine wollen ihm aber gerade nicht gehorchen und da er vorsichtshalber das Abklingen des Schwindels abwarten möchte, bleibt er einfach stehen und wartet auf die nächste Grünphase. Mit Schwindel hatte er noch nie zu kämpfen und auch das immer wiederkehrende Piepsen wächst sich zu einem markerschütterndem Schreien aus. Er schließt die Augen und lauert auf Besserung.

Als die Autos wahrscheinlich zum hundersten Mal stehen bleiben, ist der Schwindel nur noch wenig spürbar und seine Beine fühlen sich so energiegeladen an, als ob sie einem Pferd in der Startbox gehörten, das nur auf den Startschuss wartet, um loszulaufen. Dann geht's los: konzentriert starrt er auf seine Füße, bzw. auf die Räder des Rollators. Als das Piepsen der Ampel wieder verstummt, hat er aber immer noch ungefähr gut die Hälfte des Weges vor sich. Einige Autos bleiben brav stehen und warten, bis er die andere Seite erreicht hat, aber einige vorwitzige Fahrer kurven einfach um ihn herum. Der Schwindel verstärkt sich wieder und eine seiner Hände mit denen er die Griffe seines Rollators umkrallt hat, löst sich. Einhändig versucht er weiterzufahren, aber der übermächtige Schwindel und das immer stärker werdende Dröhnen in seinem Kopf lassen ihn extrem langsam werden. Die Welt um ihn herum steht sprichwörtlich auf dem Kopf und die vorbeifahrenden Autos fliegen alle an ihm vorbei. Eine herannahende Straßenbahn stößt ein undurchdringliches Warnklingeln aus, das in seinem Kopf explodiert. Als sich ein Rad des Rollators dann auch noch in einer Straßenbahnschiene verfängt, stürzt er und bleibt benommen liegen. Schnell ist er umringt von Passanten und Autofahrern.

»Oh Gott, der Arme. Einer muss schnell den Krankenwagen rufen. Kennt ihn wer?«, ruft jemand.

»Ja, das Gesicht kenne ich. Der läuft hier öfter rum«, ein anderer.

Alles in seinem Kopf ist durcheinander, er kann nicht sprechen. Das Gesicht kennt er aber auch. Es ist das Tausendste.

November 2013

Krankenhauszimmer

Fassaden bröckeln und Dämme brechen.
Finnsternis und Stille
und kein sorgfältig artikulierter Laut fällt aus ihrem Mund.
Sie kann weder sehen noch hören
und auch kann sie nicht verständlich sprechen.

So viele körperlose Körper und geistlose Seelen,
die vor ihrem Bett Patrouille
schieben und vor lauter dummen Leben schwelen.

Was ist hier los?

Sie kann betroffene Gesichter ausmachen, hilflose Leiber.
Lauter Fratzen und Grimassen,
die etwas in ihr auslösen sollten.
Die Vergangenheit zieht als Schuld an ihr vorbei
und ist schon längst abgegolten.
Aber die Erinnerung und auch die Gegenwart schmelzen und verblassen.

Juli 2013

Tag X

Du tanzt. Am Rande ihres Bewusstseins. Mit Triumphgeheul bewegst du dich erbarmungslos im Rhythmus des Verfalls. Es stirbt sich doch nicht so nebenbei. Sie hat mit allem gerechnet, nur nicht mit dem körperlichen Schmerz. Ein leises melodiöses Hinübergleiten hat sie sich vorgestellt und nicht das schrille Getöse, dass du jetzt veranstaltest.

Um dich für den neuen Tag nicht länger ertragen zu müssen, öffnet sie zögerlich die Augen. Und kann doch nichts sehen, außer einem undurchdringlichen Schleier, durchzogen von den neongrünen Farbspuren der Digitalanzeige des Radioweckers. Sie versucht, die Alltagsgeräusche um sie herum zu erfassen. Und kann doch nichts hören, außer dem monotonen Vibrieren der Zeit, durchbrochen vom einförmigen Tick Tack der Wanduhr. Alles stumme Zeugen eines längst gelebten Lebens. Der Sekundenzeiger der Uhr an der Wand macht die Gegenwart jedoch präsent.

Die Pflegerin kommt und sagt: »Guten Morgen, wie geht es dir denn heute?« Ja, wie ging es ihr denn heute? Ein letzter positiver Wille durchflackert sie und mit einem breiten Grinsen artikuliert sie: »Geht schon.« Aber eigentlich ist sie nicht sicher, ob es heute gehen würde.

Frühstück. Massenweise Medikamente zum Nachtisch.

Die Mutter kommt herein und trällert: »Hallo meine Süße, alles klar bei dir?« Klar, alles klar. Super klar und ordentlich. Lächeln. Und noch mal lächeln, bis der Mund weh tut.

Duschen. Zähne werden geputzt. Um einem neuen endlosen Tag in Farbe zu begegnen, wählt sie einen schwarzen Rollkragenpullover, eine schwarze Hose und schwarze Stiefel. Als Highlight des Tages werden jetzt E-Mails gecheckt und ihr vorgelesen. Alles nur Werbung und

Spam. Für einen Sekundenbruchteil denkt sie an all die verlorenen Freunde, die einst ewige Treue schworen, und an die wenigen, die geblieben sind.

Das hintergründige Ticken erinnert sie quälend an all die Pläne und Perspektiven, die geschmiedet worden waren und noch umgesetzt werden wollten, aber die Zeit ist gnadenlos.

Der CD-Player mit dem neusten Thriller von Sebastian Fitzek ist der nun angesagte Zeitvertreib. Aber du unterbrichst die Lieblingsstimme von Simon Jäger mit ohrenbetäubender Stille.

Sie wartet auf die nächste Pflegerin, die sie bettfertig macht. Dankbar schließt sie wieder die Augen. Ein weiterer Tag ist gelebt worden. Das Match ist im Moment noch unentschieden. Die Waffen hat sie aber längst gestreckt und wartet nun gemeinsam mit dir auf den Tag X.

September 2013

Gedankenverloren

Aufgelöst in Bruchstücke großer Gedanken.
Abgeschweift in zaghafte Tapferkeit.
Gefangen in hoffnungsvoller Trauer.
So treibe ich in endlosen Finalen.

In Etappen fiktiver Rückblicke
rudernd.
In stolzen Überresten vergangener Niederlagen
schwelgend.
Zwischen bestürztem Glück und getroster Mutlosigkeit
balancierend.
So werde ich in die Tiefe gezogen vom Ungleichgewicht mächtiger
                                                    Illusionen.

Zugleich überflutet und
beflügelt von
schillernden Schöpfungen erahnter Zukunft.
Lachend und
gleichwohl
weinend.
So spiele ich das Spiel.

Zerberstend und
letztlich abstürzend
mit gebeugtem Geist
vergehend
und
mich entbehrend
in Gedankenfreiheit.

Oktober 2007

Verlust der Wirklichkeit

Ich spüre, wie mein Bewußtsein überglüht wird von polarisierenden
                                                              Hysterien.
Solange ich in diese manischen Wellen eintauche und mich von der
                                                              Schönheit der
Abwechslung berauschen lasse,
muss ich nichts wahrnehmen, wird mir nichts bewusst.
Wenn ich mich
preisgebe,
mich wirklich mache,
habe
ich verloren.

                                                              12.05.1996

Hochmut kommt vor dem Fall

Es waren einmal ein König und eine Königin, die lebten mit ihren Kindern ein glückliches und zufriedenes Leben. Der König regierte gerecht und mit Nachsicht, die ganze Königsfamilie war deshalb auch sehr beliebt bei ihrem Volk. Die Kinder waren Zwillinge: ein Junge und ein Mädchen. Sie waren beide sehr klug und sanft und sonst mit allen Tugenden gesegnet, die sich Eltern nur wünschen konnten, nur waren beide sehr hässlich. Der Junge hatte es von Anfang an leichter als das Mädchen, denn Schönheit war nicht die Tugend eines Mannes, aber die kleine Prinzessin wurde oft gehänselt und benachteiligt, da eine zukünftige Königin schön sein musste. Die Eltern liebten aber beide Kinder sehr und waren betrübt, dass das Mädchen so viel Kummer hatte.

Die Kinder wuchsen heran und die geheime Hoffnung der Eltern, dass die Kinder mit dem Alter etwas schöner wurden, blieb unerfüllt: sie waren immer noch unscheinbar und hässlich. Das Königspaar wurde alt und sie wünschten sich ihre Kinder verheiratet, bevor sie starben. Für den jungen Prinzen fand sich bald eine Frau: die Tochter eines reichen Kaufmannes. Sie war unglaublich schön und das sah man gern. Sie war nur sehr verwöhnt und hochmütig. Nur wollte niemand die junge Prinzessin zur Frau nehmen. Die Eltern verstarben bald, ohne dass ihr Wunsch in Erfüllung gegangen war und der Sohn wurde König. Seine Gemahlin aber wollte die Prinzessin aus dem Schloss graulen, da sie es nicht ertragen konnte, dass sie die Eigenschaften besaß, die ihr fehlten, denn die neue Königin war dumm und ungebildet.

Eine Tages, als die junge Prinzessin in ihrem Kämmerlein saß und bitterlich über den Verlust der Eltern und die Ungerechtigkeit der Welt weinte, tauchte plötzlich ein Zwerg aus dem Nichts auf. »Wer bist du?«, wollte die Prinzessin wissen. »Ich bin nichts. Und ich bin alles. Ich bin. Und du? Warum weinst du, du schönes Kind?« »Ach, sieh mich doch an. Ich bin hässlich«, sagte das Mädchen bitter. »Tss, wer sagt denn sowas? Es kommt nur darauf an, wer und mit welchen Augen dich sieht. Ich zum Beispiel finde dich sehr hübsch. Ehrlich.«

Die Prinzessin musste über den freundlichen, putzigen Wicht lachen und darüber versiegten ihre Tränen. Der Gnom hüpfte auf der Bettkante auf und ab und sprach: »Aber diese Erkenntnis musst du selbst machen. Menschen müssen an sich und dem Vergangenem lernen. Und du bist eine der wenigen, die das können. Aber damit du nicht verzagst, gebe ich dir dieses Kleid. Es verleiht dir unvorstellbare Schönheit solange du es trägst. Aber hüte dich, du darfst dieses Kleid nur dreimal tragen, wenn du es ein viertes Mal benutzt, wird nicht nur das Kleid schwarz, sondern auch deine Seele. Nun nimm es und geh. Alles liegt bei dir. Mach etwas daraus.« Mit diesen Worten und einem geheimnisvollen Lächeln verschwand der Zwerg und ließ ein traumhaftes weißes Kleid zurück. Die Prinzessin hatte noch so viele Fragen. Aber von Tatendrang und Neugierde erfüllt, packte sie ein paar Sachen zusammen und zog los.

Sie kleidete sich als Bauernmädchen und wanderte so durch viele Dörfer und Städte.

Als sie in eine Stadt kam, die ihr sehr gefiel, entschloss sie sich, ihre Suche nach jemandem, der sie liebte wie sie war, zu unterbrechen. Sie mietete sich ein Stübchen und arbeitete als Gänsemagd.

Nach ein paar Tagen gab es im Städtchen einen großen Tumult und die Prinzessin erfuhr von einer Marktfrau, dass der König des Landes den achtzehnten Geburtstag seines Sohnes mit einem großen Fest am heutigen Abend beging.

Jeder der schön und gebildet war, durfte kommen. »Das ist die Gelegenheit, die Wirkung des Kleides auszuprobieren«, dachte die Prinzessin. Sie eilte in ihre Kammer und machte sich für den Abend fertig.

Zum Schluss stellte sie sich vor den Spiegel und zog das Kleid über. Prüfend sah sie hinein und erblickte eine wunderschöne, junge Frau. Genaugenommen hatte sich nichts an ihr verändert und doch war sie ein anderer Mensch. Sie dachte sofort: »Ich ziehe dieses Kleid nie mehr aus, dann sind alle meine Probleme gelöst.«

Das Kleid war jedoch sehr eng und aus einem sonderbaren Material gefertigt, sodass es sehr stramm saß und ihr kaum Raum zum Atmen blieb. Sie nahm sich zusammen und ging zum Schloss. Dort wurde sie freudig empfangen und alle waren geblendet von ihrer Schönheit. Niemand wusste, woher sie kam, aber alle wollten mit ihr tanzen.

Der Prinz verliebte sich sofort in sie, oder auch nur in ihre Schönheit, und er bat sie, am nächsten Abend wiederzukommen.

Also zwängte sie sich ein zweites Mal in das Kleid. Es erschien ihr noch enger als am Vortag. Ihr wurde schwindelig, aber tapfer ging sie zum Schloss.

An diesem Abend fragte der Prinz sie, ob sie seine Frau werden wolle. Die Prinzessin überlegte nicht lange, da sie den Wunsch ihrer verstorbenen Eltern so schnell wie möglich erfüllen wollte und stimmte zu.

Schon am nächsten Tag sollte die Hochzeit sein. Die Prinzessin entschloss sich, das Kleid nicht zu tragen, denn sie war überzeugt, dass der Prinz sie liebte, auch ohne Kleid.

Als sie dann vor ihm stand, fragte er verwundert: »Hast du meine Braut gesehen, eine wunderschöne Frau in einem weißen Kleid?« Da lief sie weinend zurück in ihre Kammer.

Trübsinnig saß sie dort, da sprach plötzlich der Zwerg zu ihr: »Na, schönes Kind, warum so traurig?« »Nun Zwerg, ich habe alles falsch gemacht. Gib mir doch einen Rat, du weißt sicher eine Antwort!« »Natürlich kenne ich eine«, sagte der Zwerg schelmisch, »aber die musst du selbst finden. Glaube nur an dich, die anderen haben alles falsch gemacht. Glaube an dich. Sei froh, dass der Prinz dich nicht zur Frau nahm. Er wollte doch nur dein Äußeres heiraten. Ist so einer eine Träne wert? Nein, also such weiter.

Aber denke daran, dass das Kleid dir nur noch einmal helfen kann, dir die Augen zu öffnen, zerstöre nicht das Wertvollste, was ein Mensch besitzt: deinen Geist und deine Seele.« »Das sind ja sehr schöne Worte«, sprach die Prinzessin, »aber wozu ist dann das Kleid gut, es verfälscht doch nur mein wahres Ich? Und aus welch eigenartigem Material ist es gefertigt? Es bringt mich ja noch um!«

Der Wicht lächelte weise: »Das Kleid ist aus Wahrheit und Erkenntnis gewebt. Es hilft dir, früh genug zu erkennen, wer es wert ist, deine Liebe zu bekommen. Nun beeil dich, sonst kommst du zu spät.« »Zu spät, zu was?«, rief das Mädchen, aber der Zwerg war schon verschwunden. Die Prinzessin machte sich also ein zweites Mal in eine ungewisse Zukunft auf.

Ihr Weg führte sie in eine große Stadt, die zu einem prächtigen Reich gehörte. Aber dort war alles traurig, sogar die Vögel hatten aufgehört zu singen. Von einem alten Weib hörte sie, dass der König verboten hatte zu lachen und zu tanzen, bis der junge Prinz verheiratet war.

»Der Prinz ist sehr wählerisch. Die allerschönsten Prinzessinnen aus der Umgebung wurden ihm schon vorgestellt, aber sie waren ihm alle zu verwöhnt und hochmütig. Ja, ja und der König hat's verboten, bis der Prinz eine Frau hat. Aber der Prinz ist ein guter Mensch und er liebt sein Volk und will es heute von dem Verbot befreien. Alle Prinzessinnen und Adelsfrauen wurden von seinem Vater eingeladen, und das Fest soll nicht eher enden, bis der Prinz verheiratet ist. Ja, ja.«

»Ich werde dort hingehen und den Prinzen prüfen«, dachte die Prinzessin. Also zog sie am Abend das Kleid über.

Es legte sich ihr noch enger um den Leib, aber sie merkte es kaum. Den ganzen Abend tanzte sie mit dem Prinzen.

»Wer bist du?«, fragte er. »Du bist so klug und so schön. Ich möchte keine andere Braut als dich.« Die Prinzessin lächelte und sagte: »Würdest du mich auch heiraten, wenn ich hässlicher wäre, als du dir vorstellen kannst?«

»Ich liebe deine Seele« antwortete der Prinz, »und die ist schöner als ich mir vorstellen kann.« In diesem Augenblick löste sich das Kleid auf, und sie stand in einem einfachen Gewand vor ihm. Der Prinz aber schien an ihr keine Veränderung zu bemerken. Da begriff sie, dass sie das Kleid nicht mehr brauchte, denn sie hatte die wunderschönste Erkenntnis ihres Lebens gemacht.

Bielefeld, 1987

Luftschloss

Mal wieder die Balance verloren.
Im Strudel der Ereignisse
den schmalen Grad zwischen Wahn und Wirklichkeit verfehlt.
Geblendet
vom Kontrast schwarz-weißer Träume
hastig mein Gleichgewicht suchend und
einen Herzschlag lang
getaumelt
im Widerstreit der Empfindungen.

Mal wieder blindlings abgestürzt.
Mitgerissen von Stücken des zerplatzten Luftschlosses
beschwert vom Nachgeschmack vergessener Trugbilder und
zerstörter Hoffnungen.
Versiegelte Erinnerungen und
entmachtete Bedürfnisse
hinter Regeln und Prinzipien versteckt und
somit mundtot gemacht
beschleunigen meinen (Ver-)Fall.

Mal wieder unsanft aufgeschlagen.
Umgeben von Zerrbildern
eisiger Wahrheiten und
gebremsten Ausflüchten
bestäubt vom Putz
meines erschütterten Fundaments
abgründig darauf wartend,
dass du mich rettest.

Mal wieder.

Oktober 2007

Sandkastenliebe

Nehme ich selbst mich so wahr, wie ich gerne sein möchte oder
wie ich tatsächlich bin?
Jedenfalls nicht so, wie du das jetzt machst.
Ich sehe es an deinem Blick,
der versucht, 13 Jahre gnadenlose Progressivität zu realisieren.
Belustigt schaue ich zu.
Ich bin es ja nicht.
Die Diskrepanz zwischen Eigen- und Fremdwahrnehmung bleibt
                                                    unüberbrückbar.
Wenn ich diesen Abstand überspiele, verliere ich mich selbst.
Diese Balance kann ich halten und sehe zu,
wie du abstürzt.

                                                    29.01.1996

Neujahr in Langendamm, Besuch an der Ostsee

Es ist ein diesiger, nebliger Neujahrstag. Der Schnee läßt nur noch vage Umrisse der Umgebung erkennen.

Fünf Meter unter mir das Meer. Wütend schlägt es an die ungesicherte Klippe und bäumt sich in rhythmischer Regelmäßigkeit gegen die kantige Felswand auf. Ich habe das beklemmende Gefühl, es wehrt sich gegen eine nicht weichende Macht, und ich schaue einem sinnlosen Kampf zu.

Mein Blick wandert weiter, sucht die Grenze zwischen Himmel und Wasser. Ich kann sie nicht ausmachen, alles ist verschmolzen zu einem gewaltigen, pappigen Meer, dass sich sogar über meinem Kopf ausdehnt. Erdrückende Präsenz läßt mich erschauern und die wahren Kräfteverhältnisse erkennen, die hier gelten. Das Meer frißt die Klippe, langsam und geduldig. Sie ist unter der permanenten Bearbeitung porös und nachgiebig geworden. Auch der Bunker aus dem zweiten Weltkrieg konnte der Kraft des Wassers nicht trotzen.

Kapitulierender Felsen ließ ihn ins Wasser stürzen. Tosende Wellen umspülen brutal und fordernd den grotesk aufrechten Betonklotz. Ich betrachte die zerfurchte Klippe unter mir – sie sieht aus, als ob sie sich duckt und vor der übermächtigen Gewalt zu fliehen versucht. Die Szenerie bekommt etwas Grausames, Unausweichliches, Lächerliches, Beängstigendes ... Ich stehe auf ihr – und könnte mit ihr untergehen. Ich betrachte mich selbst – sehe meine Wurzeln, wie sie der lauernden fordernden Kraft immer mehr nachgeben. Heftig aufflammender Widerstand lässt mich die Augen schliessen. Dann drehe ich mich abrupt um und suche meine Spuren, die mir den Rückweg zeigen.

03.01.1996

Morgen eine Ewigkeit

die Ewigkeit ist ein Bruchteil
unendlicher Augenblicke.

Augenblicke voller Glück und Liebe geben sich
ein Wechselspiel
mit Augenblicken voller Leid und Schmerz.

Keine Träne bleibt ewig warm.
Tränen des Triumphes, der Freude und auch der Entbehrung
rinnen durch die Ewigkeit
und bilden zusammen
den Strom der Empfindungen.

Rinnsale
schmücken so die Ewigkeit.
Morgen.

September 2008

Notaufnahme

Meine Umgebung ist steril und weiß, denke ich. Die hereinkommende Ärztin ist auch steril und weiß. Ich muss noch einen Liter fettarme Milch besorgen.

»Da sind Sie ja schon wieder, diesmal sind die langen roten Haare ab. Wie schade. Aber das können Sie auch tragen. Unter welchen Beschwerden leiden Sie denn heute?«

Spöttisch erwidere ich ihren Blick. Zumindest glaube ich, dass ich das tue. Am liebsten würde ich zu diesem Ausbund an Feingefühl sagen, dass ich unter Haarausfall leide, aber brav antworte ich, indem ich erkläre, was mich heute in die Notaufnahme führte. Sie kann mich aber natürlich nicht verstehen und schaut hilfesuchend meine Begleitung an. Heute ist Sonntag, und wo zum Henker krieg ich jetzt noch einen Liter fettarme Milch her?

Während sie mir den alten Katheder aus der Blase und aus dem Loch in meiner Bauchdecke entblockt und dann zieht, redet sie in einem lächerlichen Kleinkindgeplapper übers Wetter. Scheiße, das tut weh, und ich muss lachen. Milch. Einen Liter. Und fettarm.

»Ich gebe Ihnen heute ein neues Medikament mit, soll Wunder wirken. Jeweils morgens und abends eine. Guten Appetit!«

Ich werde sie in der fettarmen Milch ertränken und diese wahnwitzige Vorstellung lässt mich diese Situation meistern. Ich bin nämlich ein unglaublich toller Meister. Auf Nimmerwiedersehen.

Ich bin in meiner Not hier Gott sei Dank nicht aufgenommen worden. Beim Verlassen der Klinik frage ich: »Können wir bitte an einer Tankstelle halten? Brauche nämlich noch einen Liter fettarme Milch.«

September 2013

Eine Ahnung im Winter

Sie blinzelt in die fahle Helligkeit der Morgendämmerung, die Spiele zwischen Licht und Schatten an die Zimmerwände wirft. Inmitten all der Dämonen der Nacht blitzt hin und wieder unbeabsichtigt eine Ahnung auf. Erst nur eine beängstigende Ahnung, dann lähmende Gewissheit, die sie ins Bodenlose stürzen lässt. Ein sanfter und sorgloser Abgang wird ihr vergönnt sein. Vermutlich wird sie hundertzwanzig Jahre alt werden und ihr Körper wird dahin siechen und ein gefährlicher Stund nach dem nächsten wird hingelegt, aber die Psyche bleibt auf der Strecke. Sie kann nicht sehen, nicht sprechen und sich nicht bewegen und fast unerträgliche Schmerzen geben ihr Grund, über diese unwirkliche Situation zu lächeln. Und endlos zu warten. Noch ist es nicht soweit, aber wie lange noch? Wie lange muss sie euch noch ertragen?

Einfach nur so

Einen Augenblick lang ausgeufert.
Verschmolzen mit Tagträumen.
Einfach nur so.
Einen Augenblick lang
jemand anders sein
und

hemmungslos leben.
Einfach nur so.

Dich einen Augenblick lang
spüren lassen,
wie sich Ohnmacht anfühlt.
Einfach nur so.

02.01.1997

Tinitus

Oder

Das lächelnde Insekt

Die Grille zirpt und die Frau läuft durch den Sand. Sie hat den Eindruck, dass ihre Füße immer tiefer und tiefer in die feinkörnige Wärme gezogen werden und sie langsamer voran kommt. Ein unangenehm lauer Windhauch lässt sie taumeln und stürzen. Die feinen Sandkörner kleben hartnäckig an ihrer schweißnassen Haut. Du stehst ein paar Meter vor ihr, knietief und rücklings im Wasser. Die Freude über die Bewegung in deine Richtung überschwemmt sie und tropft in den heißen Sand.

Mit Erleichterung spürt sie, wie die Flut jetzt an ihren Zehen leckt und sie sieht ihren Körper schwerelos werden. Lässig gleitet er durch die Strömung zu dir. Aber tatsächlich lähmt die Schwerkraft und die Fortbewegung im Meer gestaltet sich schwieriger, als die Durchquerung der Wüste. Mühsam ringt sie mit dem Widerstand, den das immer zähflüssiger werdende Wasser verursacht, aber schließlich lässt sie Stückchen für Stückchen lähmenden Morast hinter sich.

Endlich sind ihre Kämpfe ausgefochten und sie erreicht dich. Einen Herzschlag lang bewundert sie stumm die Wassertropfen, die wie außerirdische Perlen um deinen makellosen Körper spielen. Unbeholfen berührt sie deine Schulter. Du drehst dich um und dein Lächeln nimmt ihr den restlichen Atem. Die erregende Faszination, die von dir ausgeht, lässt sie erschauern. Sie schließt die Augen und spürt, wie diese sanften Vibrationen zu einem explosiven Schmerz wuchern. Mitgerissen vom Strudel des Verlangens will sie dich ganz besitzen, dich umfangen, dich aufnehmen und dich verkörpern. Doch leibliche Nähe wäre hier und jetzt enttäuschend, eine überflüssige und schon fast lächerliche Belanglosigkeit.

Dein Lächeln erreicht jedoch deine Augen nicht. In diesen liegt das unergründliche Leid einer gelebten Liebe.

Sie kann nichts sagen, obwohl alles in ihr schreit. Ihre Hand wandert von deiner Schulter zu deinem Gesicht und sie fährt mit ihren Fingerspitzen die Linien deines Mundes nach. Du ergreifst fast gewaltsam ihre Hand und hauchst dann zärtlich einen Kuss auf jede einzelne ihrer Fingerkuppen. Bevor sie sich jedoch über den starken Wandel deiner Gefühlsausdrücke wundern kann, lächelst du wieder dein anmutiges Lächeln und entfernst dich von ihr. Wie in einer klassischen Filmszene gehst du rückwärts und lächelst sie an. Und lächelst.

Die Distanz zwischen euch wird schnell immer größer und irgendwie unüberbrückbarer, je weiter du dich von ihr entfernst und lächelst. Das Wasser reicht dir jetzt schon bis zur Brust, dein schönes Gesicht wird schließlich vom Wasser geschluckt, bis es über deinem Kopf eine sanfte Welle schlägt – dann verraten nur noch wenige träge Luftblasen, dass du jemals da warst.

Sie möchte schreien, dir zur Hilfe eilen und dich aus dem feindlichen Wasser ziehen. Eine beängstigende Ahnung ergreift plötzlich Besitz von ihr. Aber sie bleibt stumm. Das kann jetzt kein Abschied gewesen sein, der sich quälend in ihrem Bewusstsein manifestiert hat. Es darf einfach keiner gewesen sein. Kein einziges Wort kann sie artikulieren. Und auch keinen Muskel in ihrem Körper bewegen. Nur in ihrem Kopf jagen sich die Gedanken und Eindrücke.

Die Grille zirpt und lächelt. Sie schreckt aus ihren Träumen. Vor allen Dingen nachts leidet sie unter ihrer Bewegungsunfähigkeit, die,

Kopf, Hände und Finger ausgenommen, fast alle Körperteile betrifft. Ihre Haut fühlt sich sonderbar an, wie nach einem Körperpeeling. Sie denkt empört, dass irgendjemand ihr Bett mit Chips voll gekrümelt hat oder wie sollte sie sich sonst das sandige Tastgefühl erklären, das sie beim Befingern ihrer Matratze spürt.

November 2013

Gänseblümchen

Für einen vibrierenden Herzschlag lang
Erlaube ich mir, zu träumen.
Von Gänseblümchen, die zwischen, meinen Zehen stecken.
und von einem warmen Sommerregen, der mir über den Rücken läuft.
Ich sehe meine Fußspuren im Sand
und spüre, wie ich im Herbstlaub herumtolle.
Ich träume von einem nächtlichen Spaziergang während eines tosenden Gewitters
und jage Seifenblasen hinterher,
die zerplatzen und aus denen müßige Gedanken tropfen.
Für einen monotonen Herzschlag lang
erwache ich in der absurden Gegenwart.

Oktober 2014

Das Wörtchen wenn

Vielleicht wäre ich eine blondierte Tussi mit
künstlichen Nägeln und angeklebten Wimpern,
oder eine übergewichtige Ökotante, die
auf dem eigenen Balkon selber Tomaten züchtet.
Vielleicht wäre ich aber auch die Managerin von VW und
die erste Vorsitzende der deutschen Bank,
oder aber ein männermordender Vamp mit endlosen Beinen,
oder eine militante Feministin und wäre Lesbe aus Prinzip,
oder eine magersüchtige Primaballerina ohne Arsch und Titten,
oder eine mächtig eingebildete Intellektuelle mit Haaren auf den Zähnen,
oder eine kiffende und sich selbstverwirklichende Bungeejumperin,
oder, oder, oder,

Aber da bin immer nur ich,
denn das Wörtchen wenn gibt es nich.

Dezember 2014

Über die Autorin

Julia Ney, geboren 1974 in Bielefeld. Nach einer normalen und unbeschwerten Kindheit mit ihrer sechs Jahre älteren Schwester traten im Alter von acht Jahren erste Koordinationsschwierigkeiten beim Laufen auf. Nach einer Odyssee von ärztlichen Untersuchungen erhielt Julia letztlich die niederschmetternde Diagnose »Friedreich-Ataxie«. Eine neurologische Erkrankung, die progressiv verläuft und den Kleinhirnstamm, der die gesamte Muskulatur des Körpers steuert, continuierlich degeneriert. Mit 15 Jahren bekam Julia ihren ersten Rollstuhl.

Trotz ihrer stärker werdenden Behinderung besuchte Julia das Cecilien-Gymnasium in Bielefeld, anschließend das Oberstufenkolleg und nahm dann ein Studium der Literaturwissenschaft an der Uni Bielefeld auf, welches sie mit dem Grad »Magister Artium« abschloss. Anschließend folgte eine zweijährige freie Mitarbeit in der Redaktion des Wissen Media Verlags in Gütersloh. Ihre zunehmende Behinderung erlaubte ihr die Fortsetzung dieser Tätigkeit dann leider nicht mehr.

Sie engagierte sich im AKBM (Aktionskreis behinderter Menschen) für die Gleichstellung und Integration behinderter Menschen. Seit 2001 konnte sie in einem für sie errichteten rollstuhlgeeigneten Anbau an ein selbstständiges und selbstbestimmtes Leben führen. Ihre Pflegekräfte, sowie Hund und Katze, waren dafür der Rahmen. 2007 erfolgte die Veröffentlichung ihres ersten Sachbuches *Die keine Rolle* spielen. Eine Untersuchung über die Funktion behinderter Darsteller und die »dargestllter« Behinderter in den Unterhaltungsmedien. Erschienen im EWK-Verlag.

Trotz weiter zunehmender Behinderung erfolgte ein permanenter Einsatz für Umwelt, Klima und Tierwohl.

In den Folgejahren weitere Verschlechterungen ihres körperlichen Zustands bis zur völligen Erblindung, Bewegungslosigkeit und ständigen starken Schmerzen.

Trotzdem erschien in 2015 ihr zweites Buch *Morgen eine Ewigkeit* ebenfalls im EWK-Verlag. Nachdem ihr letztes und stärkstes Kommunikationsmittel – ihre Sprache – immer verwaschener wurde und letztlich unverständlich geworden war, hat sie im November 2019 mit Hilfe ihrer Familie die Einweisung in ein Hospiz veranlasst, dort die Nahrungsaufnahme verweigert und ist am 8.12.2019 gestorben. So selbstbestimmt und unsagbar mutig wie Julia Ney ihr Leben gelebt hat, hat sie ihren Abschied bestimmt.